# Pregando para a glória de Deus

# Pregando para a glória de Deus

**Alistair Begg**

FIEL Editora

```
B416p    Begg, Alistair
           Pregando para a glória de Deus / Alistair Begg ;
         [tradução: Francisco Wellington Ferreira]. – 1. reimpr. –
         São José dos Campos, SP: Fiel, 2018.

           69 p.
           Tradução de: Preaching for God's glory.
           ISBN 9788581321851

           1. Bíblia – Uso homilético. 2. Pregação. I. Título.

                                                      CDD: 251
```

Catalogação na publicação: Mariana C. de Melo Pedrosa – CRB07/6477

---

**Pregando para a Glória de Deus**

Traduzido do original em inglês
Preaching for God's Glory
© 2010 por The Alliance of Confessing Evangelicals

•

Publicado por Crossway Books,
Um ministério de publicações de
Good News Publishers
1300 Crescent Street
Wheaton, Illinois 60187, USA.

Copyright © 2013 Editora Fiel
1ª Edição em Português: 2014

*Todos os direitos em língua portuguesa reservados por Editora Fiel da Missão Evangélica Literária*
PROIBIDA A REPRODUÇÃO DESTE LIVRO POR QUAISQUER MEIOS, SEM A PERMISSÃO ESCRITA DOS EDITORES, SALVO EM BREVES CITAÇÕES, COM INDICAÇÃO DA FONTE.

•

Diretor: Tiago J. Santos Filho
Editor: Tiago J. Santos Filho
Tradução: Francisco Wellington Ferreira
Revisão: Marilene L. Paschoal
Capa: Rubner Durais
Diagramação: Rubner Durais

ISBN: 978-85-8132-185-1

Caixa Postal 1601
CEP 12230-971
São José dos Campos-SP
PABX.: (12) 3999-9999
www.editorafiel.com.br

# Índice

Prefácio .................................................................................. 7

**Capítulo 1**
*O Eclipse da Pregação Expositiva* ............................................ 11

**Capítulo 2**
*O que Aconteceu com a Pregação Expositiva?* ........................ 25

**Capítulo 3**
*A Natureza da Pregação Expositiva* ......................................... 37

**Capítulo 4**
*Os Benefícios da Pregação Expositiva* ..................................... 47

**Capítulo 5**
*Sugestões Práticas* .................................................................. 57

**Capítulo 6**
*"Quem, porém, é suficiente para estas coisas?"* ...................... 67

# Prefácio

Não estamos em dias bons para a igreja evangélica. E, entenderão isso todos aqueles que se afastam por um momento do que está acontecendo e tentam avaliar nossa vida e nosso tempo.

Nos últimos poucos anos, diversos livros importantes foram publicados com o propósito de entender o que está acontecendo. E todos dizem quase a mesma coisa, embora os autores procedam de contextos diferentes e realizem ministérios diferentes. Um destes livros foi escrito por David F. Wells, um professor de teologia no Gordon-Conwell Theological Seminary, em Massachusetts. O livro se intitula *No Place for Truth*

(Nenhum Lugar para a Verdade). Um segundo livro foi escrito por Michael Scott Horton, vice-presidente da Alliance of Confessing Evangelicals. Seu livro se chama *Religião de Poder*. Um terceiro livro foi escrito por John F. MacArthur, o famoso pastor da Grace Community Church, na Califórnia. O livro se chama *Com Vergonha do Evangelho* (Editora Fiel). Cada um destes autores escreveu sobre a igreja evangélica, não a igreja liberal, e ao considerar apenas os títulos qualquer pessoa pode ter uma ideia do que eles estão dizendo.

No entanto, os subtítulos são ainda mais reveladores. O subtítulo do livro de Wells diz: *Ou o que Aconteceu com a Teologia Evangélica?* O subtítulo do livro de Horton é: *A Igreja sem Fidelidade Bíblica e sem Credibilidade no Mundo*. O subtítulo da obra de John MacArthur diz: *Quando a Igreja se Torna como o Mundo*.

Quando juntamos estas coisas, compreendemos que estes observadores atentos do cenário atual da igreja perceberam que, hoje, o evangelicalismo está seriamente errado porque abandonou seu legado de verdade evangélica. A tese do livro de Wells é que a igreja evangélica ou está morta ou morrendo como uma força religiosa significativa, porque esqueceu o que ela sustenta. Em vez de fazer a obra de Deus à maneira de Deus, o evangelicalismo contemporâneo está tentando construir um reino terreno próspero com instrumentos seculares. Por conseguinte, apesar de nosso sucesso aparente, temos "vivido numa felicidade ilusória", declarou Wells em uma palestra para a National Association of Evangelicals, em 1995.

John H. Armstrong, um membro fundador da Alliance of Confessing Evangelicals, editou um livro intitulado *The Coming Evangelical Crisis* (A Vinda da Crise Evangélica). Quando lhe perguntaram, não muito depois, se pensava que a crise ainda estava por vir ou se já estava realmente aqui, ele admitiu que, em sua opinião, a crise já está entre nós.

A Alliance of Confessing Evangelicals está abordando este problema por meio de seminários e conferências, de programas de rádio, da revista *Modern Reformation*, de Sociedades de Reforma e de escritos de eruditos. A série de livretes sobre as questões de hoje é um esforço adicional nesta mesma direção. Se você está preocupado com o estado atual da igreja e tem sido ajudado por esses livretes, nós o convidamos a entrar em contato com a Alliance por meio de nosso website: www.alliancenet.org. Sob a direção de Deus, gostaríamos de trabalhar com você "em favor de uma Reforma moderna".

*James Montgomery Boice*
*Alliance of Confessing Evangelicals*

Capítulo 1

# O Eclipse da Pregação Expositiva

Tenho uma recordação vívida de que certa vez, em minha infância, estive na St. George's Tron Church, em Glasgow, e esperava pelo início do culto da manhã. Cerca de três minutos antes das 11 horas, o oficial da igreja subiu os degraus que conduziam ao púlpito e abriu a enorme Bíblia que estava sobre o seu suporte. Depois de abri-la na passagem apropriada, ele desceu, e o ministro, por sua vez, subiu os degraus e sentou no púlpito em forma de cone. O oficial completou suas responsabilidades por subir os degraus pela segunda vez para fechar a porta do púlpito e deixar o pastor a cumprir o seu dever. Em minha mente juvenil, não havia dúvida de que cada parte daquele procedimento tinha um significado. Era evidente que sem a Bíblia para qual o pastor olhava, enquanto lia os textos, não haveria nenhuma razão para ele estar no púlpito. Entendi que, em contraste com a postura física, o pregador estava se posicionando sob a autoridade da Escritura e não acima dela. De modo semelhante, nós o ouvimos não tanto por causa de *sua* mensagem, e sim por causa da mensagem *da Bíblia*. Estávamos descobrindo, como sugeriu J. I. Packer, que pregar é "deixar o texto falar". A correta pregação da Palavra de Deus é poderosa.

Embora Martyn Lloyd-Jones tenha expressado sua preocupação com certo estilo literário de pregação dos escoceses, ele não teria contestado a seguinte observação feita por James W. Alexander: "Entre os presbiterianos escoceses, cada homem, cada mulher e quase cada criança levava sua Bíblia para a igreja, e não somente examinava o texto, mas também verificava cada citação; e, como o pregador era, em grande parte, do tipo expositivo, a consequência inevitável era que toda a população se tornava intimamente familiarizada com a estrutura de cada livro da Bíblia, e capaz de recordar cada passagem e as verdades que a acompanham" (*Thoughts on Preaching* [Edinburgh, Carlisle, Pa.: Banner of Truth, 1975], p. 240).

Muito tempo atrás, o piedoso Richard Baxter lembrou aos seus colegas pastores o lugar central da pregação no cumprimento de seus deveres:

> Devemos ser sérios, honestos e zelosos em cada parte de nossa obra. A nossa obra requer maior habilidade e, em especial, maior zelo e vigor do que qualquer um de nós lhe pode dar. Não é insignificante levantar-se diante da congregação e entregar uma mensagem de salvação ou de condenação, da parte do Deus vivo, em nome do Redentor. Não é fácil pregar com tanta clareza que o mais inculto possa nos entender; com tanto fervor que o mais insensível coração possa nos sentir; e de modo tão convincente que os sofistas contestadores sejam silenciados (*The Reformed Pastor* [Edinburgh, Carlisle, Pa.: 1974], p. 117).

## Nas Sombras

Infelizmente, o desafio de Baxter parece estar além da capacidade e do querer da maioria dos pregadores contemporâneos, resultando em que a verdadeira pregação expositiva caiu em tempos difíceis. Cinquenta anos atrás, W. E. Sangster, um grande pregador metodista na Inglaterra, começou um livro sobre pregação com as seguintes palavras: "A pregação está nas sombras. O mundo não acredita na pregação" (*The Craft of the Sermon* [Harrisburgh, Pa.: Epworth Press, 1954], p. 1). Hoje, no início de um novo milênio, a situação é ainda mais grave. A pregação ainda está nas sombras, mas, agora, *a maior parte da igreja não crê na pregação*.

Muito do que agora emana do púlpito contemporâneo não teria sido reconhecido nem por Alexander, nem por Baxter, nem por Sangster como sendo de algum modo parecido com o tipo de pregação expositiva baseada na Bíblia, focalizada em Cristo e transformadora de vida – aquele tipo de pregação que é marcado por clareza doutrinária, um senso de seriedade e argumento convincente. Em lugar disso, nos tornamos muito familiarizados com a pregação que dá pouquíssima atenção à Bíblia, é focalizada no ego e, consequentemente, capaz apenas do impacto mais superficial na vida dos ouvintes. E o pior é que grande número de pessoas na igreja estão inconscientes do fato de que estão recebendo placebo e não o remédio de que tanto necessitam. Estão satisfeitas com o sentimento de que o placebo lhes tem feito algum bem, um sentimento que disfarça a seriedade da situação. Na ausência do pão que alimenta, a população cresce acostumada com bolo! Os púlpitos são para pregadores. Construímos palcos para atores!

Há alguns anos, tive o privilégio de falar numa convenção em Hong Kong. As reuniões foram realizadas em uma igreja anglicana que tinha um púlpito que não usamos naquela ocasião. Os organizadores acharam que seria melhor não ficarmos quase dois metros acima da congregação e sim no mesmo nível em que as pessoas estavam. Por isso, providenciaram um púlpito móvel para acomodar a Bíblia do pastor enquanto este falava. Eu compartilhava o evento com um homem amável e mais velho, que eu não conhecera antes da convenção. Ambos falávamos cada manhã. Algumas manhãs, eu falava primeiro; às vezes, ele o fazia. Sempre que ele começava a mensagem, sua primeira ação era pegar o pequeno púlpito e colocá-lo de lado, para que não impedisse sua movimentação nem criasse a impressão de que ele estava "pregando" para as pessoas. Em vez disso, ele disse, estava fazendo uma palestra e queria ter certeza de que seus ouvintes podiam relaxar e se beneficiar de seu estilo conversacional. Quando era a minha vez de pregar, minha primeira ação era colocar o pequeno púlpito em seu lugar, central à ocasião. A congregação sorria, porque esse padrão se repetiu nos cinco dias. Eu o usava, meu colega o removia.

Antes de terminar a semana, dois incidentes aconteceram que podem ou não estar relacionados. Primeiramente, expliquei à congregação que a razão por que eu recolocava o púlpito em seu lugar não era simplesmente para que eu tivesse um lugar para acomodar a minha Bíblia, mas porque eu não queria abandonar o simbolismo de ter um púlpito central com a Palavra, a qual devia ter seu merecido lugar de primazia. Afinal de contas, eu comentei, se o pregador caísse ou desaparecesse, a congregação ainda continuaria com seu foco no lugar certo – ou seja, nas Escrituras. Sei que meu companheiro de pregação não tomou isso como uma repreensão pessoal, o que tornou o segundo incidente ainda mais impressionante.

Um ou dois dias depois, ele me confidenciou que sentia haver perdido qualquer senso real de paixão ou poder na entrega de suas mensagens. Foi muito humilhante para mim, como homem jovem, sentar e ouvi-lo enquanto ele derramava seu coração e, com lágrimas, refletia sobre a diminuição de seu zelo. É bastante simplista sugerir que sua remoção do púlpito, cada vez que ele falava, era um símbolo de uma convicção defeituosa quanto à prioridade e ao poder das Escrituras. Contudo, ao mesmo tempo, tenho a suspeita de que a remoção do púlpito era muito mais do que uma simples questão de estilo ou de preferência pessoal.

O *layout* de muitos prédios de igrejas contemporâneas, incluindo a minha própria, flerta com o perigo de criarmos a impressão de que vamos à igreja para ouvir homens e não para nos encontrarmos com Deus. É imperativo que reconheçamos e lembremos que nos reunimos como igreja não para desfrutarmos da eloquência da pregação (ou criticarmos a sua ausência) e sim para ouvirmos e atentarmos à Palavra de Deus. Vamos à igreja para sermos exortados e não entretidos.

## Caricaturas da Verdadeira Pregação

Se as igrejas ou seus pastores começarem a pensar no lugar do qual as mensagens são proferidas à congregação como sendo um palco, é inevitável que caricaturas do pregador surgirão para tomar o lugar do verdadeiro pregador. Infelizmente, isto é exatamente o que está acontecendo. Em nossos dias, o expositor das Escrituras tem sido ofuscado por uma variedade de tristes substituições. Consideraremos algumas.

1. *O animador*. Este colega bem intencionado tem uma necessidade peculiar de ser apreciado e aceito. Não importando o contexto de uma mensagem específica, ele será positivamente inspirativo. Um bom domingo para ele é um domingo em que as pessoas de sua igreja riem bastante, são apoiadas e apoiam

e vão embora mais seguras de si mesmas do que quando chegaram na igreja. Se elas são confrontadas pela verdade da Palavra de Deus ou humilhadas pela presença de Deus, isso é perdido de vista por causa de uma busca pelo desejo de pertencer que substitui o interesse por santidade. Este tipo de pregador deixa frequentemente o ensino da Bíblia para os pequenos grupos ou os estudos nos lares. O dever do pregador, ele acha, é "estimular" as pessoas e prepará-las para a semana entediante que as espera logo que deixarem o prédio da igreja.

Infelizmente, nesse caso as ovelhas voltam estimuladas, mas não fortalecidas, e, quando acaba o estímulo adocicado provido pelo sermão superficial, aqueles que têm algum apetite espiritual saem à procura de mais alimento substancial para sua alma. E, assim, a obra apropriada do pregador não é cumprida.

2. *O mágico.* Quando ouvimos a congregação dizer: "Não é impressionante o que ele retirou desta passagem?", não devemos supor imediatamente que isso é algo bom. Quando pregadores se recusam a realizar o árduo trabalho de descobrir o verdadeiro significado do texto em seu contexto e quando deixam esta descoberta separada da aplicação, qualquer coisa pode ser transmitida – e frequentemente é transmitida!

R. W. Dale se referiu a isto nas palestras sobre pregação que ministrou aos docentes e aos alunos de Yale, em 1876:

> Sempre penso nos truques daqueles cavalheiros ingênuos que entretêm o público por esfregarem uma moeda entre suas mãos até que apareça um canário ou por retirarem da manga de seu casaco meia dúzia de globos de vidro brilhantes cheios de água, com quatro ou cinco peixes dourados que nadam em cada um deles. Quanto a mim mesmo, gosto de ouvir um bom pregador e não tenho qualquer objeção no mundo a sermos entretidos por truques de um mágico esperto; mas eu prefiro manter as mágicas e a pregação separadas; fazer mágica no domingo de manhã, fazer mágica na igreja, fazer mágica com as Escrituras não é muito o meu gosto (*Nine Lectures on Preaching*, the 1876 Yale Lectures [London: Hodder & Stoughton, 1877], p. 127).

3. *O contador de histórias*. Este homem convenceu a si mesmo de que, visto que as pessoas amam uma boa história e tendem a ser menos inclinadas a seguir a exposição da Bíblia, ele desenvolverá seu dom de contar histórias, negligenciando o trabalho árduo de exposição bíblica. Sim, histórias fizeram parte do ensino de Jesus. Mas o fato de que suas parábolas eram,

como já aprendemos na Escola Dominical, "histórias terrenas com significado celestial" não dá ao pregador contemporâneo licença para contar histórias destituídas de significado celestial que não têm nenhum proveito terreno!

4. *O artista*. Muito frequentemente nestes dias alguém é convidado a pregar sem qualquer consideração ao fato de que o pregador também faz parte da congregação que está ali para adorar. Em vez disso, o pregador é chamado para "relaxar" no fundo do palco, até que chegue o momento de "fazer seu trabalho". Não quero impugnar os motivos daqueles que agem nesse padrão, mas duvido da retidão de tal procedimento. Ele tende a estimular um ambiente em que as pessoas vêm para sentar, relaxar e avaliar a performance, em vez de terem a atitude de coração referida pelo escritor de hinos:

*Senhor, fala, teu servo ouve.*
*Espero por tua palavra de graça,*
*Fala para mim, ó Senhor,*
*Faze-me saber o que queres de mim.*

Há uma notável diferença de perspectiva entre a solenidade jubilosa que recordo na sala pastoral da Charlotte Chapel, em Edimburgo, nos últimos momentos antes de eu subir ao púlpito, e o coleguismo "vá lá e arrase" em muitas igrejas contemporâneas, sendo este último mais semelhante a um grito de torcida pouco antes do início da partida.

5. *O sistematizador.* Estou me referindo aqui ao pregador que vê o texto da Escritura apenas como o pano de fundo para uma palestra doutrinária. Isto é diferente do homem que, no decorrer da exegese da passagem, extrai os elementos da doutrina cristã. A estrutura teológica do sistematizador é tão acentuada que predomina a exposição.

Roy Clements se refere a isto como o sermão de paráfrase proposicional, sobre o qual ele diz que muito provavelmente não terá engajamento emocional com o texto. "Haverá pouca sensibilidade quanto ao gênero literário. Apocalíptico, poesia, narrativa e parábola, tudo é igualado ao nível de prosa de um livro-texto de teologia. Não é feita qualquer tentativa de apresentar com exatidão os aspectos lírico, dramático e irônico do texto" ("Expository Preaching in a Postmodern World", *The Cambridge Papers*, setembro de 1978). Compreensivelmente, quando ouvimos esse tipo de pregação, não duvidamos de sua veracidade, mas nos admiramos de sua falta de paixão. Embora reconheçamos que a estrutura teológica afeta nossas opiniões bíblicas, precisamos trabalhar muito para nos asseguramos de que as Escrituras regem a estrutura teológica e não vice-versa.

6. *O psicólogo*. Isto é o que poderíamos nos referir como pregação de linha aérea. Em uma revista de linha aérea, há sempre um artigo escrito por um psicólogo. Eu o leio usualmente, quase sempre para o meu benefício. Tenho aprendido sugestões úteis a respeito de criar meus filhos adolescentes e lidar com a minha impaciência; e tenho sido lembrado de comprar flores para minha esposa. Mas isso é até aonde ele vai ou deve ir. Infelizmente, os púlpitos de muitas igrejas crescentes estão sendo ocupados por supostos psicólogos que decidiram se tornar provedores de "discernimentos proveitosos", muitos dos quais podem ser (e frequentemente são) oferecidos sem qualquer referência à Bíblia. É um tipo de abordagem "preencha o espaço em branco" que provê os sete princípios para a paternidade eficaz ou os dez maiores desafios que os casais enfrentam hoje. Não é incomum acharmos pessoas que estão sendo mal nutridas com esse tipo de dieta e ouvi-las clamando apropriadamente, como as pessoas o fizeram nos dias de Neemias: "Tragam o Livro" (Ne 8.1).

7. *O pregador transparente*. Em nossa cultura de "tudo transparente", está cada vez mais em voga pregadores usarem o púlpito

como um lugar para compartilharem suas falhas, seus defeitos e fazerem uma tentativa de "autenticidade". Por meio disso, tais pregadores fazem as pessoas saberem quão "autênticos" eles são, como se as pessoas precisassem de ajuda para fazer tal descoberta! Se temos vivido entre o nosso povo durante qualquer período de tempo, eles terão abundância de ocasiões para reconhecerem que tanto eles como nós somos pecadores redimidos. O sermão não é geralmente a melhor oportunidade para esse tipo de compartilhamento. Estamos totalmente ocupados em proclamar a Palavra de Deus, apontar para Cristo e anunciar *a história*. Não é aconselhável usarmos esse tempo para apontarmos para nós mesmos e contarmos a nossa história.

Esta lista é seletiva e não exaustiva. Não falaremos aqui sobre o "político", o "guru dos últimos dias" ou o "pregador fixado no mesmo tema". No entanto, não posso deixar de compartilhar a história de G. Campbell Morgan sobre o pregador batista que tinha uma fixação pelo batismo e se referia a ele constantemente. Certa manhã ele anunciou o seu texto: "Adão, onde estás?" (Gn 3.9). E continuou: "Há três linhas que seguiremos. Em primeiro lugar, onde Adão estava. Em segundo, como ele foi salvo de onde estava. Em terceiro e último, algumas palavras sobre o batismo".

Capítulo 2

# O que aconteceu com a pregação expositiva?

Por que a pregação expositiva está ausente hoje em muitas igrejas? Muitos pregadores comprometem a sua vocação e se voltam às expectativas da cultura, por causa da perda de confiança nas Escrituras, da preocupação com as batalhas erradas e uma horrível falta de modelos excelentes.

## Perda de Confiança nas Escrituras

A ausência de pregação expositiva está relacionada diretamente a uma erosão da confiança na autoridade e na suficiência das Escrituras. No início do século XIX, as linhas de batalha foram dirigidas contra as forças do liberalismo. Os liberais estavam desafiando os milagres, questionando as coisas divinas e se opondo à historicidade dos documentos do Novo Testamento. Os evangélicos enfrentaram essa tempestade, e as igrejas liberais vazias são o testemunho da futilidade da busca dos liberais por um Cristo desmitificado. Mas hoje a batalha é mais sutil. As Escrituras são negligenciadas, depreciadas e usadas apenas como um trampolim para todos os tipos de "conversas" que estão muito distantes da genuína exposição bíblica.

É muito possível alguém participar de um culto de adoração em uma igreja que se declara evangélica e achar que, se a Bíblia é lida ou citada de alguma maneira (e não há garantia de que ela seja), ela é sem importância em sua influência por causa da apresentação ou da ênfase inadequada. Há pouco senso, se realmente existe algum, de que o pregador ou a congregação se curvam sob a autoridade suprema da Palavra escrita de Deus. Vivemos numa época em que ser inseguro e vago está na moda. Há uma desconfiança contemporânea de qualquer coisa ou de qualquer pessoa que é segura ou demonstra possuir autoridade. Pastores jovens podem se achar intimidados nesse ambiente e começar a pregar sermões que têm sua origem no que as pessoas querem ouvir e não no que Deus escolheu dizer e ordena.

Dick Lucas, pastor da St. Helens Bishopsgate Church, em Londres, ressaltou o perigo desta abordagem quando disse em uma de suas conferências de pastores: "O auditório não controla o púlpito. Não podemos pregar uma mensagem 'sob demanda' somente porque ninguém demanda o evangelho".

A exposição das Escrituras é também prejudicada pela fascinação pela comumente designada, mas não bíblica, "palavra profética". Lembro-me de um mestre da Bíblia bem conhecido na Inglaterra que mudou deliberadamente da exposição das Escrituras para a afirmação de uma "palavra de profecia". Depois de haver lido as Escrituras, ele fechava a Bíblia e prefaciava seus comentários com "Isto é o que Deus está dizendo a nós, agora". Até aqueles cuja abordagem é mais branda arriscam desviar o ouvinte de uma confiança clara na suficiência das Escrituras.

Sinclair B. Ferguson escreveu a respeito desses pregadores: "Enquanto se nega que acréscimos estão sendo feitos ao cânon da Escritura, deixa-se implícito que um acréscimo real está sendo feito ao cânon do viver. Do contrário, a iluminação da Escritura e a sabedoria de aplicá-la seriam suficientes" (*The Holy Spirit* [Downers Grove, Ill.: InterVarsity Press, 1996], p. 231).

De maneira semelhante, uma preocupação com teoria psicológica tem, em muitos casos, desgastado a confiança nas

Escrituras. Quando a essência da desventurada situação humana é redefinida em termos de falta de autoestima, é quase inevitável que as pessoas sejam dirigidas a um sofá e não à cruz, a um psicólogo e não ao Salvador. A amplitude em que isso tem acontecido pode ser avaliada por ouvirmos as várias e estranhas misturas de psicologia e teologia, algumas das quais são até oferecidas como tentativas de pregação expositiva!

## Travando as Batalhas Erradas

Quando pastores ficam convencidos de que o problema central diante da igreja é político e filosófico e não teológico, a exposição bíblica será abandonada em favor de discursos políticos e convocações a travar guerra pela "alma da nação". As igrejas são instadas mais a votar do que a orar. São mobilizadas não com base num mandato divino, e sim com base na força de uma agenda humana.

Nenhum outro pregador do século XX foi tão claro sobre este assunto quanto o falecido D. Martyn Lloyd-Jones. Pregando no Canadá, com base em 1 Tessalonicenses 1.5, ele declarou:

> O que torna a mensagem cristã em evangelho é o fato de que ela é uma proclamação das boas novas. Não são apenas co-

mentários temáticos sobre o escândalo mais recente exposto nos jornais ou sobre as últimas notícias. Não gastamos nosso tempo em dizer aos reis, príncipes, presidentes e primeiros-ministros como eles deveriam estar regendo seus países e como deveriam estar resolvendo os problemas internacionais. Não somos qualificados para fazer isso... Sobre o que o apóstolo pregou? O apóstolo pregou política para as pessoas? Ele lhes disse que era tempo de se unirem e formarem um exército e se livrarem do jugo do Império Romano? O apóstolo se opôs à cobrança de impostos? Protestou contra as várias coisas que estavam acontecendo? Esta não era a sua mensagem, de maneira alguma" (citado em Tony Sargent, *The Sacred Anointing* [Wheaton, Ill.: Crossway, 1994], pp. 254, 267).

Qual era o conteúdo da pregação do apóstolo? Com o que ela começava? Qual era o seu primeiro ponto? Lloyd-Jones respondeu: "Deus!"

Homens jovens que estão começando o ministério pastoral são encurralados por membros de suas igrejas que esperam que eles comecem seus sermões com o homem e suas necessidades e não com Deus e sua glória. Preocupação obsessiva com um novo milênio se deve mais a uma preocupação com nós mesmos e nossas necessidades do que com uma humilde dependência da inerrante verdade da Bíblia. O antídoto para essa enfermidade virulenta é a pregação bíblica que permite às Escrituras estabelecerem a agenda.

## Falta de Modelos Excelentes

Não estou dizendo que não existe algum, mas eles são muito raros. A maioria dos homens jovens que saem do seminário e entram no ministério pastoral parecem estar apaixonados por histórias de sucesso dramáticas que são norteadas mais pelo "mercado" do que pelo padrão e preceitos apostólicos. Consequentemente, estes são os modelos que tendem a ser adotados. Infelizmente, em muitas destas situações, a maneira de ministrar o ensino da Bíblia não é a pregação expositiva.

Sendo imparciais, temos de reconhecer que esses indivíduos estão frequentemente levando a sério a necessidade de envolverem a cultura contemporânea; uma intenção digna. Mas, como já vimos, a fraqueza em começar nesse ponto é permitirmos que a cultura e não a Bíblia estabeleça e controle nossa proclamação. Roy Clements escreveu: "Se permitirmos constantemente que as preocupações de nosso mundo sejam a mola propulsora de nossa pregação, perderemos certamente muitas coisas vitais que Deus pode querer que digamos" (*The Cambridge Papers*, setembro de 1998).

No lado oposto, encontramos outros, igualmente enganados, que afirmam saber melhor. Eles estão comprometidos com a exposição fiel das Escrituras, mas se acham tão mergulhados no texto que estão completamente separados da cultura para a qual foram chamados a pregar. São como aqueles que John Stott descreveu como pessoas que atiram flechas da ilha do texto bíblico, mas não conseguem atingir a ilha da cultura contemporânea. As flechas vão e voltam em direção à sua cabeça. Estes bem intencionados e fiéis estudantes da Palavra são tão presos em seus "sistemas" que não descobrem o que acontece quando alguém faz uma tentativa razoável de unir os dois horizontes: a teologia bíblica e a cultura contemporânea.

Uma das razões para o desinteresse na pregação expositiva é certamente que muitas das tentativas se comprovaram infrutíferas, insensíveis e até completamente enfadonhas. Nunca cesso de me admirar da ingenuidade daqueles que são capazes de tomar o texto poderoso e transformador de vidas da Escritura e comunicá-lo com toda a paixão de alguém que lê em voz alta as Páginas Amarelas!

Calvino disse sobre a obra de Deus na pregação: "Ele se digna em consagrar a boca e a língua de homens para o seu serviço, fazendo com que sua própria voz seja ouvida por meio deles. Sempre que Deus se agrada em abençoar os labores desses homens, ele torna o ensino deles eficaz pelo poder do seu Espírito; e a voz, que é em si mesma mortal, é transformada num instrumento para comunicar a vida eterna" (extraído de *Pulpit and People*, Nigel M. Cameron e Sinclair B. Ferguson, editores [Edinburgh: Rutherford House, 1986]).

Aqui vemos a importância imensurável da tarefa do pregador e, ao mesmo tempo, o antídoto para o orgulho. O expositor bíblico é servo de Deus, submetendo-se ao texto da Escritura Sagrada e proclamando-o. "A passagem em si mesma é a voz, a fala de Deus; o pregador é a boca e os lábios, e a congregação... o ouvido em que a voz ressoa" (Gustaf Wingren, *The Living Word* [London: SCM, 1960], p. 201).

O expositor bíblico não é um poeta que comove os seus ouvintes por cadência e ilustrações; ele também não é o autor que lê um manuscrito. É um *arauto* que fala com o poder e a autoridade do céu. Há cinquenta anos, James S. Stewart disse: "A doença da pregação moderna é a sua busca por popularidade"; e isso continua sendo verdadeiro.

A pregação expositiva significa desdobrar o texto da Escritura de uma maneira que faz contato com os ouvintes do mundo, enquanto exalta a Cristo, e os confronta com a necessidade de ação. E precisamos identificar e imitar modelos nesta busca sublime. Quanto a mim, os homens que me têm mostrado o caminho (todos eles, do outro lado do Atlântico) são Eric Alexander, Roy Clements, Dick Lucas, Derek Prime e Martyn Lloyd-Jones. Quais são os seus modelos?

## Os Resultados da Ausência de Pregação Expositiva

Deixar de praticar a pregação expositiva não é uma questão a ser enfrentada com leviandade. Há consequências caríssimas. Talvez pareça que estamos falando demais nos aspectos negativos neste pequeno volume, mas isso acontece apenas porque o assunto é muito importante.

1. *Confusão.* Quando Paulo escreveu para Tito, ele o advertiu (e a nós) sobre os "muitos insubordinados, palradores frívolos e enganadores" que precisam ser silenciados (Tt 1.10-11). Isto é claramente a responsabilidade dos presbíteros. Como eles devem realizar isto? Por meio de um conhecimento completo das Escrituras e do evangelho. Um presbítero deve ser "apegado à palavra fiel, que é segundo a doutrina, de modo que tenha po-

der tanto para exortar pelo reto ensino como para convencer os que o contradizem" (v. 9).

É a função da Palavra ensinar, repreender, corrigir e treinar para que o povo de Deus possa seguir a jornada da vida equipado para procurar e resgatar. Quando a Bíblia não está sendo exposta sistematicamente, as congregações aprendem frequentemente um pouco sobre muitas coisas, mas, usualmente não entendem como todas as coisas se encaixam. São como operários numa fábrica de carro que sabem como acrescentar seu componente específico, mas permanecem amplamente desinformados a respeito de como a peça se enquadra no resto do processo. As pessoas mais perigosas em nossas igrejas são aquelas que são suscetíveis a todos os tipos de ideias e tendências passageiras; são frequentemente uma provação para si mesmas e para os outros.

É impressionante que, em um tempo de grande confusão moral e doutrinária, Paulo exortou Timóteo a não gastar seu tempo aprendendo respostas espertas para questões tolas, e sim a dedicar seu tempo e energia em pregar a Palavra (2 Tm 4.2-5).

2. *Subnutrição*. Como Walter C. Kaiser escreveu:

> Não é segredo que a igreja de Cristo não está em boa saúde em muitos lugares do mundo. Ela está definhando porque

tem se alimentado, como dizemos hoje, de "junk food", ou seja, todos os tipos de conservantes artificiais e todos os tipos de substitutos não naturais estão sendo servidos à igreja. Como resultado, uma subnutrição teológica e bíblica aflige esta geração que tem dado passos gigantes para garantir que sua saúde física não seja prejudicada pelo uso de alimentos e produtos prejudiciais ao seu corpo. Ao mesmo tempo, uma fome espiritual de alcance mundial, resultante da ausência de genuína proclamação da Palavra de Deus (Am 8.11), corre livremente e quase sem mitigação na maioria dos segmentos da igreja (*Toward an Exegetical Theology* [Grand Rapids, Mich.: Baker, 1981], pp. 7-8).

Hebreus 5.12-13 descreve aqueles que estão retardados em seu crescimento espiritual como resultado de gostarem muito de "leite". John Brow, de Haddington, comentou sobre a condição deles: "Por negligenciarem o alimento apropriado, perderam seu apetite espiritual, o poder de digestão, e levaram a si mesmos a um estado de segunda infância espiritual" (*Hebrews* [Edinburgh, Carlisle, Pa.: Banner of Truth, 1994], p. 269). O apóstolo Paulo combinou ambas as figuras quando se referiu a "meninos, agitados de um lado para outro e levados ao redor por todo vento de doutrina, pela artimanha dos homens, pela astúcia com que induzem ao erro" (Ef 4.14).

O remédio que previne esta doença é o ministério de pregação e de ensino que Deus estabeleceu para levar seu povo à maturidade.

# Capítulo 3

# A Natureza da Pregação Expositiva

Nenhuma consideração quanto à natureza da pregação expositiva seria completa sem nos referirmos à cena impressionante relatada em Neemias 8.

O senso de expectativa entre aquelas pessoas era quase palpável. Seria errado ansiarmos que nosso povo se congregue para esperar pela pregação da Palavra com a mesma paixão e fome?

Esse senso de expectativa intenso está ligado inevitavelmente a um conceito elevado das Escrituras. Há uma diferença tremenda entre a congregação que se reúne em antecipação de um monólogo sobre questões bíblicas, proferido por um colega amável, e a congregação que se reúne na expectativa de que, se a Palavra de Deus é verdadeiramente pregada, a voz de Deus é realmente ouvida. Calvino expressou isto em seu comentário sobre Efésios: "É certo que, se vamos à igreja, não ouvimos um simples mortal falando, mas devemos sentir (até por seu poder secreto) que Deus está falando à nossa alma, que ele é o Mestre. Ele nos toca de tal modo que a voz humana entra em nós e nos beneficia para que sejamos fortalecidos e nutridos por ela. Deus nos chama a si como se tivesse seus lábios abertos, e o vemos ali em pessoa" (*Ephesians* [Edinburgh, Carlisle, Pa.: Banner of Truth, 1973], p. 42).

Em determinada ocasião, um visitante que foi à Gilcomston South Church, em Aberdeen, enquanto cumprimentava o ministro William Still, comentou: "Mas você não pregou". Quando o pastor perguntou o que ele queria dizer, o homem respondeu: "Você apenas pegou um texto da Bíblia e explicou o que ele significa". William Still respondeu: "Irmão, isso é pregação!"

William Still e outros semelhantes estão apenas seguindo o padrão da pregação expositiva estabelecido por Esdras e seus colegas. Aqueles homens piedosos leram o Livro de Deus e o explicaram; e o fizeram de uma maneira que as pessoas entenderam as implicações.

Como devemos fazer isto? Quais são os princípios-chave da pregação expositiva?

## Começa com o Texto

A pregação expositiva sempre começa com o texto da Escritura.

Isso não significa que todo sermão começará com a frase: "Por favor, abram sua Bíblia em...." Mas significa realmente que, até quando começamos por referir-nos a algum evento atual ou à letra de um cântico contemporâneo, é o texto da Escritura que estabelece o curso do sermão. O expositor da Bíblia não começa com uma ideia ou uma grande ilustração e, depois, procura uma passagem apropriada. Em vez disso, ele começa com a própria Escritura e permite os versículos em consideração estabelecerem e estruturarem o conteúdo do sermão. Esta é a razão por que, como disse John Stott, "é nossa convicção que toda a pregação cristã verdadeira é pregação expositiva" (*Between Two Worlds* [Grand Rapids, Mich.: Eerdmans, 1982], p. 125). Estamos no caminho errado se pensamos que a pregação expositiva é meramente um *estilo* de pregação escolhido de uma lista (tópica, devocional, evangelística, textual, apologética, profética, expositiva).

Roy Clements disse acertadamente: "A pregação expositiva não é uma questão de estilo, de maneira alguma. De fato, o passo determinante que decide se um sermão será expositivo ou não acontece, em minha opinião, antes que uma única palavra tenha sido escrita ou falada. Antes e acima de tudo, o adjetivo 'expositiva' descreve o método pelo qual o pregador decide o que dizer, não como dizê-lo" (*The Cambridge Papers*, setembro de 1998).

A exposição não é apenas proferir comentários sobre uma passagem da Escritura. Também não é uma sucessão de estudos de palavra levemente unificados por algumas poucas ilustrações. Não devemos sequer pensar na pregação expositiva em termos da descoberta e da declaração da doutrina central encontrada na passagem. Podemos fazer tudo isso sem realizarmos exposição bíblica nos termos da definição que estamos construindo.

## Permanece entre dois Mundos

*A pregação expositiva procura fundir os horizontes do texto bíblico e do mundo contemporâneo.*

Este discernimento é desenvolvido por John Stott em seu livro *Between Two Worlds: The Art of Preaching in the Twentieth Century* (Entre Dois Mundos: A Arte de Pregar no Século XX). Ele argumenta corretamente que é possível alguém pregar de maneira exegética e, apesar disso, falhar em responder o "e daí?" na mente do ouvinte. Os ouvintes de Esdras, por exemplo, jamais começariam a construção das cabanas se ele tivesse falhado em estabelecer a conexão entre o texto e os tempos em que viviam. A verdadeira exposição precisa ter alguma dimensão profética que deixa o ouvinte sem dúvida de que as coisas que ele acabou de ouvir são uma mensagem viva de Deus e cria nele, pelo menos, uma suspeita íntima de que o Autor o conhece.

Se assumimos o desafio de ensinar seriamente a Bíblia, temos de prestar atenção à advertência de um pregador escocês do século XX, o qual disse que é pura negligência lançar sobre as pessoas grandes porções de fraseologia religiosa de uma era passada sem ajudá-las a retraduzir a mensagem para a sua própria experiência. Isso é tarefa do pregador e não dos ouvintes, ele argumentou.

A redescoberta das obras teológicas dos puritanos é algo pelo que todos somos gratos; porém, ao mesmo tempo, a proliferação de homens jovens cuja entrega da mensagem no púlpito está mais ligada ao século XVII do que ao século XXI é causa de preocupação. No entanto, o problema é muito mais significativo no extremo oposto, quando os sermões são fundamentados abertamente nos assuntos e interesses da cultura contemporânea. Esse tipo de pregação tende a estabelecer muito rapidamente o contato com o ouvinte, mas sua conexão com a Bíblia é tão leve que falha em estabelecer a conexão entre o mundo da Bíblia e o mundo pessoal do ouvinte. A tarefa do pregador consiste em declarar o que Deus disse, explicar o significado e estabelecer as implicações práticas, para que ninguém ignore a importância do que Deus disse.

Donald Grey Barnhouse descrevia frequentemente essa tarefa como "a arte de explicar o texto da Palavra de Deus, usando toda a experiência de vida e aprendendo a ilustrar a exposição".

## Mostra Relevância

*A pregação expositiva encoraja o ouvinte a entender por que uma epístola dirigida à igreja em Corinto, no século I, é importante para uma igreja em Cleveland, no século XXI.*

É importante que o ouvinte não saia iludido pela maneira como o pregador lida com o texto. O pregador tem de aprender não somente a fundir os horizontes em seu ensino, mas também a fazer isso de uma maneira que as pessoas aprendam, pelo exemplo, como integrar a Bíblia à sua própria experiência. Os ouvintes enfrentam os perigos gêmeos de supor ou que as coisas recém-ouvidas são totalmente não relacionadas à situação em que vivem ou que tais coisas são *imediatamente* aplicáveis, ou seja, que "são apenas para eles".

1. *Pensar que a mensagem é irrelevante.* O pregador precisa trabalhar com afinco para garantir não somente que fez um bom trabalho de exegese, ajudando o ouvinte a entender o significado do texto, mas também labutar para estabelecer a relevância do texto para o mundo pessoal dos ouvintes. Por exemplo, ao abordar a doutrina da encarnação, ele não pode se contentar apenas em ter certeza de que seus ouvintes assimilaram a instrução, mas ressaltará as implicações do grande princípio da "missão encarnacional". Para estabelecer essa ligação, o pregador pode dizer algo assim: "O ministério de Jesus foi um ministério de envolvimento e não de afastamento; e, por isso, temos de encarar o fato de que não podemos ministrar a um mundo perdido se não estivermos nele".

2. *Pensar que a mensagem é imediatamente relevante.* O segundo perigo é bem real. Aqui, o ouvinte quer se mover imediatamente para a aplicação. Ficará ansioso por saber "o que isto significa *para mim*". Em muitos casos, essa pressa para tornar o texto pessoal será destituída da necessidade de entender o que a passagem significa em seu contexto original.

Não conheço ninguém melhor do que Dick Lucas para ajudar os pastores a lidarem com este problema. Jamais esquecerá a experiência aquele dentre nós que, ao ser avaliado por seus colegas, ouvir a afirmação de Dick: "Vamos lá, meu rapaz, isso não é certamente o que o apóstolo quer dizer!" Sou muito grato pelo fato de que ele me tornou cauteloso de tentar aplicar o texto à Igreja em Cleveland, antes de descobrir o propósito de Paulo em se dirigir à igreja na Corinto do século I.

Por exemplo, é possível removermos um texto como Hebreus 13.8 ("Jesus Cristo, ontem e hoje, é o mesmo e o será para sempre") do contexto que o cerca e fazermos um trabalho adequado de falar sobre os benefícios, para o crente, de um Jesus que é imutável. Mas, se queremos que nossos ouvintes aprendam como interpretar a Bíblia, temos de realizar o trabalho árduo de entender por que o versículo 8 aparece entre os versículos 7 e 9. Se fizermos esse trabalho, acharemos necessário explicar nosso versículo não apenas em separado ou em termos de seu contexto imediato, mas também no contexto mais amplo do livro. Reconheceremos que toda aplicação que não se focaliza no sacerdócio permanente de Cristo não somente erra quanto ao ensino do texto, mas também presta um desserviço às pessoas que estão aprendendo conosco.

O expositor precisa estar sob o controle da Escritura. Este é o terceiro dentre os três princípios para a exposição fiel oferecidos pelo *Diretório de Westminster para Adoração Pública*:

1. O assunto que pregamos deve ser verdadeiro, ou seja, à luz das doutrinas gerais da Escritura.
2. Deve ser a verdade contida no texto ou passagem que estamos expondo.
3. Deve ser a verdade pregada sob o controle do resto da Escritura.

Que mudança radical aconteceria nos púlpitos ao redor do mundo se tomássemos estes três princípios com seriedade. Seríamos forçados a garantir que o púlpito não seja um lugar de teorização e especulação, de proferir *slogans* e de manipulação, de contar histórias e promover emocionalismo. Numa época anterior, na Escócia, quando se fizeram grandes esforços para permanecer nestes princípios, o impacto foi óbvio. Na verdade, o conhecimento da Bíblia possuído por nossas congregações, em meio ao nosso suposto entendimento e iluminação, não tem comparação com o daqueles escoceses simples da geração passada, que aprendiam desde a infância a seguir o ensino do pregador a partir da Bíblia. Embora isso tenha sido bem antes de meu tempo, o benefício prolongou-se, e ainda posso recordar que a mão de meu pai tremia levemente quando segurava a Bíblia e seu dedo guiava meu olhar ao longo da página. Quão magnífico é quando Deus ministra ao nosso coração por meio do poder da pregação expositiva!

Capítulo 4

# Os Benefícios da Pregação Expositiva

Há imensos benefícios da pregação expositiva que não estão presentes no mesmo grau em outros tipos de pregação. Estes benefícios são, por si mesmos, um argumento convincente quanto à razão por que a genuína pregação expositiva deve ser restaurada e praticada com fidelidade em nossos dias. Vejamos agora alguns destes benefícios.

## Dá Glória Somente a Deus

*A pregação expositiva dá glória a Deus, o que deve ser o alvo essencial de tudo que fazemos.*

O salmista declarou: "Magnificaste acima de tudo o teu nome e a tua palavra" (Sl 138.2). Visto que a pregação expositiva começa com o texto da Escritura, ela começa com Deus, sendo em si mesma um ato de adoração, porque é uma declaração dos poderosos atos de Deus. A pregação expositiva fixa o foco das pessoas em Deus e sua glória, antes de qualquer consideração do homem e de suas necessidades. Ao começarmos neste ponto, afirmamos o lugar da pregação não por motivo de interesse pessoal, e sim porque agrada a Deus. Uma congregação que aceitou isso e está começando a aprender as suas implicações será notoriamente diferente de uma congregação em que os sermões têm constantemente sua origem nas necessidades percebidas das pessoas.

### Faz o Pregador Estudar a Palavra de Deus

*A pregação expositiva exige que o pregador se torne ele mesmo um estudante da Palavra de Deus.*

Depois do seminário, quando estão servindo em sua primeira igreja, os pastores estudam para produzir uma variedade de sermões. Mas alguns, tendo pregado todos os sermões, se mudam para oferecer o benefício de seus estudos à outra igreja. Por contraste, quando um pastor é comprometido com a exposição sistemática e consecutiva da Escritura, ele nunca chegará ao fim de sua tarefa. Se não estamos aprendendo, não estamos crescendo; e, se estamos paralisados, podemos estar certos de que nosso povo ficará igualmente paralisado. É vital que continuemos a estudar as Escrituras com o espírito de descoberta. Temos de aprender a procurar surpresas na passagem. Não devemos supor que a "entendemos" apenas porque gastamos tempo na passagem antes. Pelo contrário, devemos sempre orar:

*Ensina-me, Senhor, para que eu ensine*
*As coisas preciosas que Tu comunicas;*
*Usa as minhas palavras para alcançarem*
*As profundezas ocultas de muitos corações.*

O primeiro coração que a Palavra de Deus precisa alcançar é o coração do pregador. Não haverá qualquer benefício da pregação para o nosso povo se nós mesmos não somos impactados pela Escritura que estudamos e almejamos pregar. Quando estamos lidando com um texto bíblico, é imperativo que sejamos nós mesmos mudados por ele. John Owen falou sobre esta necessidade de experimentarmos o poder da verdade em nossa própria alma: "Um homem só prega bem um sermão para os outros se, primeiramente, ele o pregou para si mesmo. Se ele não prospera com a 'comida' que prepara, não será capaz de torná-la apetitosa para outros. Se a Palavra não habita com poder em nós, não emanará de nós com poder" (*The Works of John Owen*, vol. 16 [Edinburgh, Carlisle, Pa.: Banner of Truth, 1968], p. 76).

**Ajuda a Congregação**

*A pregação expositiva capacita a congregação a aprender a Bíblia da maneira mais óbvia e natural.*

Não esperamos que um professor universitário ensine com base em um livro-texto de anatomia, escolhendo aleatoriamente partes de sentenças e usando-as para sua aula. Em vez disso, esperamos que ele aborde o material de maneira ordeira para garantir que seus alunos cheguem a entender como as partes do corpo se harmonizam.

Muitos homens são capazes de fazer excelentes discursos, produzir ilustrações comoventes e proferir exortações estimulantes baseados em material bíblico, mas como expositores da Bíblia eles são ineficientes. Spurgeon, em palestra aos seus alunos, comentou: "Creio que já está bem confirmada a observação de que, se você ouve um palestrante em astronomia ou geologia, durante um curso rápido, obterá uma percepção razoavelmente clara do sistema de ensino dele; mas, se você ouve, não somente por doze meses, mas por doze anos, o tipo comum de pregadores, não chegará à qualquer ideia a respeito do sistema de teologia deles" (*Lectures to My Students* [Grand Rapids, Mich.: Zondervan, 1972], p. 71).

Por meio de nossa pregação, ou ajudamos ou atrapalhamos nosso povo na tarefa de interpretar as Escrituras. Se lhes mostramos os resultados de nosso estudo sem ao menos incluí-los, em algum grau, no processo, eles podem ser "abençoados", mas permanecerão não instruídos. Citando novamente Roy Clements: "Não basta apenas alimentar nosso povo. Nestes dias, precisamos também mostrar-lhes como cozinhar".

### Exige uma Consideração de Toda a Bíblia

*A pregação expositiva impede o pregador de evitar passagens difíceis ou de demorar-se em seus textos favoritos.*

Isto não é algo insignificante. O computador em que estou trabalhando agora tem um protetor de tela. Sempre que há uma ausência de atividade por um período de tempo significativo, ele abre uma imagem específica e padronizada. De maneira semelhante, quando o pregador não é ativo no estudo sistemático da Escritura, ele se verá pregando suas passagens favoritas para proteger sua reputação. Para alguns, tal pregação pode ser o ensino da "vida superior" ou uma ênfase na "vida de Cristo ressuscitado"; e, para outros, pode ser as imaginações escatológicas que, com certeza, despertam a curiosidade, mas raramente conseguem instruir. Não importando qual seja a ênfase, haverá no devido tempo um exagero de ênfase, e a congregação esperará somente aquilo pelo que o pregador se tornou conhecido.

Por meio desta metodologia, muitas igrejas não desfrutam da oportunidade de tentar compreender a doutrina da eleição, que amplia a mente e instiga a alma. Outras nunca examinam a questão dos dons espirituais ou conseguem evitar a consideração de assuntos "controversos" como homossexualidade, o papel da mulher ou o futuro de Israel. Por se comprometer com uma exposição das Escrituras que segue um padrão sistemático, o pregador evitará estas armadilhas.

## Provê uma Dieta Equilibrada

*A pregação expositiva garante que a congregação desfrute de uma dieta equilibrada da Palavra de Deus.*

Isto é o oposto do ponto anterior. Cada um de nós se aproxima de determinado texto da Escritura com uma estrutura. Pode ser algo tão simples como o slogan: "O Antigo Testamento está revelado no Novo; o Novo Testamento está oculto no Antigo". Ou talvez seja: "Achamos Cristo em toda a Escritura. No Antigo Testamento ele é predito; nos evangelhos, ele é revelado; nos

Atos, ele é pregado; nas epístolas, ele é explicado; e no Apocalipse, ele é esperado". Usamos estas estruturas para nos ajudarem a navegar pelas Escrituras. Certamente, elas têm valor.

No entanto, há um perigo quando a estrutura é mais substancial do que nas ilustrações anteriores. Nesse caso, em vez de o texto da Escritura ditar nossa estrutura, quer seja uma hermenêutica dispensacionalista, ou uma hermenêutica pactual, ou qualquer outra, permitimos que a estrutura domine o texto bíblico.

Além disso, às vezes a estrutura é o produto de um distintivo denominacional que cria um desequilíbrio. Por exemplo, estive num culto de uma igreja na Carolina do Sul em que o pastor estava fazendo uma série de estudos com base em 1 Timóteo. A passagem para aquela manhã era os primeiros treze versículos do terceiro capítulo. Ao abrir o texto, ele disse algo assim: "Os primeiros cinco versículos têm a ver com os presbíteros, mas, visto que somos batistas, não temos presbíteros. Portanto, vamos diretamente para o versículo 8, que trata dos diáconos!"

Em outra ocasião, estive num culto em Grand Rapids (Michigan). O pastor estava tratando do assunto da Ceia, e logo perdi a conta de quantas vezes ele nos exortou a consultarmos uma cópia do Catecismo de Heidelberg que estava diante de nós, nos bancos. Podíamos ter perdoado qualquer pessoa que questionou se a autoridade final era a Bíblia ou o catecismo.

A exposição, que afirma constantemente a prioridade e a suficiência do texto, impedirá que tal desequilíbrio aconteça. Como resultado, corremos o risco de ser considerados menos do que precisos em nossa teologia sistemática; mas não devemos ser mais precisos do que o texto da Escritura nos permite ser.

Ensinar a Bíblia desta maneira não significa uma ausência de variedade. De fato, a variedade inerente à Bíblia deveria estar presente em nossa pregação. A pregação expositiva não precisa ficar limitada a estudos exaustivos e fatigantes nos livros da Bíblia. A maior parte do que faço é estudo cuidadoso de livros bíblicos específicos, mas podemos também fazer estudos de personagens ou uma série de estudos sobre as parábolas em Lucas ou sobre as principais doutrinas cristãs e traçar cada uma delas em forma expositiva. Por exemplo, ao pregarmos sobre o assunto de tentação, podemos expor a primeira metade de Tiago 1, em vez de reunirmos o material de toda a Bíblia. Servimos melhor ao nosso povo quando deixamos claro que somos comprometidos com ensinar a Bíblia *por ensinarmos a Bíblia*!

### Elimina a Pressão de Sábado à Noite

*A pregação expositiva livra o pregador da pressão da preparação de última hora, no sábado à noite.*

A pregação expositiva que é sistemática e consecutiva em seu padrão significa que as pessoas não chegam à igreja perguntando a si mesmas: "O que será que o pastor pregará hoje?" E o pastor fica livre de enfrentar a mesma pergunta com regularidade dolorosa e incansável. Em uma perspectiva pragmática, isso sozinho é suficiente para me convencer do valor da pregação expositiva.

Seguindo o exemplo de meu mentor, Derek Prime, faço uma interrupção no meio de uma séria longa, talvez sobre 1 Coríntios ou o Evangelho de João, ao fazer uma minissérie ou algo semelhante. Isto dá ao pregador e às pessoas uma pausa intencional e permite que ambos retornem à serie principal com nova expectativa. Em um número limitado de ocasiões, tenho também interrompido uma série para tratar de um assunto que tem inquietado a congregação ou a nação. Mas isso é diferente do quadro bem familiar do pastor em seu escritório, no sábado à noite, com seu cabelo desgrenhado, cercado de bolas de papel, cada uma das quais representa uma ideia de sermão que se recusou a nascer. Até o grande Spurgeon frequentemente muito próximo deste perigo, reconheceu:

> Para mim, tenho de confessar, a escolha de meu texto ainda é um embaraço muito grande... Confesso que muitas vezes sento-me, hora após hora, orando e esperando por um assunto, e essa é a principal parte de meu estudo. Tenho feito muito trabalho árduo em manipular tópicos, ruminar pontos de

doutrina, elaborar esqueletos a partir de versículos e, depois, sepultar cada osso deles nas catacumbas do esquecimento, navegando por léguas e léguas de ondas quebradas, até que eu veja as luzes vermelhas e rume diretamente para o porto desejado. Creio que em quase todo sábado de minha vida faço sermões suficientes, se eu sentisse liberdade de pregá-los, para um mês inteiro, mas não me atrevo a usá-los, como um marinheiro honesto não levaria para a praia uma carga de bens contrabandeados (*Lectures to My Students*, pp. 84-85).

No entanto, Spurgeon era singular, talvez um gênio. Permitiremos que seu padrão anule os pontos que me esforcei por desenvolver? Acho que não. Tudo que precisamos reconhecer é que Deus não vem ao encontro de métodos e sim de homens, mesmo quando nossos métodos possam não dar a aparência de serem os mais sábios ou os melhores. Sempre imaginei como seria ótimo se eu pudesse ler os volumes de exposição consecutiva de Spurgeon, em vez das coleções de sermões que ele nos legou, embora estes sejam bastante ricos. Spurgeon serve como um lembrete de que o melhor dos homens são, no seu melhor, homens; e que há apenas um pregador que foi perfeito, e este é Jesus.

Capítulo 5

# Sugestões Práticas

Tenho sido sempre fascinado pela variedade de abordagens que os pregadores adotam ao prepararem seus sermões. Na hora de nossa pregação e em nossa preparação, devemos "ser o que realmente somos". Alguns têm uma facilidade singular de memória, outros são exímios no uso de tecnologia. Alguns ainda trabalham com lápis e cadernos de anotações. Talvez o único fator que todos compartilhamos é que nos aproximamos do texto de joelhos, pelo menos figuradamente. A atitude de coração com a qual realizamos nossa preparação deve expressar nossa dependência de Deus.

Sempre que me pedem um resumo de meu próprio método de preparação, menciono os seguintes pontos, que aprendi de um ministro mais velho, quando eu ainda era um aluno de teologia.

## Pense Vazio de si Mesmo

É proveitoso se podemos examinar a passagem com um espírito apropriado de desconhecimento. Não queremos estar incertos quando acabarmos nosso estudo, mas é correto e frequentemente benéfico evitarmos a suposição arrogante de que sabemos desde o início o que cada coisa significa. Obviamente, à medida que o tempo passa, temos uma compreensão maior dos textos que estudamos, porém é sempre bom treinarmos nossa mente a esperar o inesperado. Isso abrirá novas avenidas de pensamento e criará ângulos de abordagem que podemos nunca ter visto. Neste estágio, eu anoto qualquer coisa que vem à mente – passagens correspondentes, possíveis ilustrações, dificuldades textuais, poemas, citações de hinos, um esboço imperfeito, se ele surge naturalmente. Muito do que coloco nessa página inicial nunca se tornará parte do sermão, mas isso não importa. A parte humilhante disto é quando pensamos vazios de nós mesmos e temos muito pouco a mostrar como resultado disto na folha de papel amplamente vazia!

O fato é, se não nos tornarmos pastores que pensam, provavelmente não teremos igrejas que pensam.

## Leia Bastante

O pastor deve ler ampla e regularmente. Há certos livros aos quais devemos voltar rotineiramente: *O Pastor Aprovado*, de Richard Baxter; *Confissões*, de Agostinho; e, por mais que as achemos intimidantes, *As Institutas*, de João Calvino. Também obtenho grande proveito em ler biografias. Os dois volumes sobre a vida de Lloyd-Jones devem ser um pré-requisito para todos os pastores, bem como, pelo menos, o primeiro volume sobre a vida de George Whitefield, escrito por Arnold Dallimore. Há também proveito nas biografias de políticos, músicos, jogadores de golfe e vários outros. (Revelo aqui meus próprios interesses.) Romances que passam no teste de Filipenses 4.8 também são proveitosos. Além disso, sou beneficiado pessoalmente por resenhas no *New York Times* e até por obituários. Quando o tempo permite, também é importante lermos material de perspectivas rivais. Isto nos ajuda a aprimorar nossa inteligência e nos preserva em nossa posição teológica.

Ao lermos sobre o texto a respeito do qual devemos pregar, há muitos recursos úteis: *The New International Commentary* (O

Novo Comentário Internacional) tanto sobre o Antigo quanto sobre o Novo Testamento, o comentário de Lenski sobre o Novo Testamento e a série de comentários de Hendriksen. Temos de aprender a nos beneficiar destes recursos sem ficarmos presos a eles ou permitirmos que seus discernimentos nos roubem a necessária experiência pessoal de descoberta e criatividade.

## Escreva com Clareza

Além da capacitação essencial do Espírito Santo, se há um único aspecto da preparação do sermão que está mais ligado à fluência de discurso e ao impacto na entrega do sermão, é este: liberdade de expressão no púlpito depende de organização cuidadosa no estudo. Podemos crer que temos uma compreensão do texto e que somos claros em nossa comunicação do sermão, mas, quando nos levantamos no púlpito, descobrimos que entre o que pensamos e o que falamos as coisas saíram terrivelmente enviesadas. O elo de ligação pode ser encontrado na ausência de anotarmos nossos pensamentos com clareza.

James S. Stewart conta a história de um ministro jovem que, preocupado com o aparente fracasso de sua pregação, conversou com o Dr. Joseph Parker na sala pastoral do City Temple. Seus sermões, queixou-se o jovem ministro, estavam produzindo somente apatia. Poderia o Dr. Parker lhe dizer o que estava faltando? "Sugiro que você pregue para mim um de seus sermões, agora" – disse o Dr. Parker. Seu visitante, não sem apreensão, concordou. Quando ele terminou, Parker lhe pediu que sentasse. "Jovem", falou ele, "você me pediu que fosse sincero. Acho que posso lhe dizer qual é o problema. Na última meia hora, você esteve tentando extrair algo de sua mente, em vez de tentar colocá-lo em minha mente!"

Quando separamos tempo para anotar em papel não apenas os nossos pensamentos, mas também nossas sentenças, parágrafos e frases de ligação, detectamos imediatamente as incoerências e somos capazes de fazer correções antes mesmo de apresentarmos o material em fórum público. Quando um pregador dá a impressão de que está elaborando o que está tentando dizer, à medida que fala, ele provavelmente está fazendo isso mesmo!

Na maioria dos casos, tanto o pregador quanto os ouvintes serão beneficiados por algum tipo de esboço; e isto surge geralmente no estágio de escrita, se não antes. Mas o pregador e a congregação devem, ambos, ser ajudados a pensar com clareza, não dominados pela habilidade e a importância do esboço. Eric Alexander comentou: "A estrutura nunca deve se impor a ponto de ser admirada por sua genialidade e originalidade. Precisa representar o conteúdo da passagem e nunca deve ser uma caixa inapropriada em que podemos lançar a verdade, como se estivéssemos mais preocupados com a embalagem do que com o conteúdo. É o prédio acabado que os homens querem ver e não as estruturas usadas pelo construtor" ("Plainly Teaching the Word", mensagem não publicada e pregada na Toronto Spiritual Life Conference, 10 de janeiro de 1989).

### Ore com Fervor

Não há qualquer chance de haver fogo no auditório da igreja se há um iceberg no púlpito; e, sem oração e comunhão pessoal com Deus, durante os estágios de preparação, o púlpito será frio. Quando os apóstolos fizeram uma reorganização da igreja primitiva, isso aconteceu porque eles compreenderam o quanto era crucial que se dedicassem continuamente "à oração e ao ministério da palavra" (At 6.4). Emprestando um princípio da cerimônia de casamento, é imperativo que "o que Deus uniu, não o separe o homem". Não ousemos divorciar nossa pregação de nosso tempo de oração.

Em um sermão de ordenação pregado em Bridgewater (Massachusetts), em 1752, John Shaw lembrou ao pastor iniciante:

Se há quaisquer homens no mundo que precisam da presença de Deus consigo e de sua bênção para serem bem sucedidos, esses homens são, certamente, os ministros. Pois qual é o desígnio e o objetivo do seu ministério? Não é abrir os olhos de pecadores, convertê-los das trevas para a luz e do poder de Satanás para Deus, em Cristo? E "quem é suficiente para estas coisas?" Em uma obra desta natureza, o que os ministros podem fazer de si mesmos? Na verdade, eles podem pregar até ficarem pálidos e debilitados, até que sua voz definhe, até que seus pulmões e órgãos vitais sejam exauridos, e seus ouvintes nunca fiquem melhores; nem um pecador será convertido enquanto Deus não se agradar graciosamente, pela obra eficaz de seu Espírito, em acrescentar sua bênção aos labores deles e fazer a sua Palavra, nos lábios dos pregadores, mais aguda do que qualquer espada de dois gumes no coração dos ouvintes. Tudo será em vão, sem qualquer propósito salvador, se Deus não se agradar em dar a salvação. E, para fazer isto, Deus cuida que as orações deles cheguem aos seus ouvidos. Um ministro que ora está no caminho de ter um ministério bem sucedido (*The Character of a Pastor According to God's Heart Considered* [Morgan, Pa.: Soli Deo Gloria, 1992), p. 10).

Podemos fazer mais do que orar, depois de havermos orado, mas não antes. Como é fácil afirmar isto, mas quão difícil é praticá-lo.

## Seja Você Mesmo, Mas não Pregue a si Mesmo

Nada há tão ridículo quanto o tom fingido e a postura afetada do pregador que gostaria de ser outra pessoa. Infelizmente é comum, ao ouvirmos alguém pregar, reconhecermos que o tom de voz e o estilo de pregação do sermão não combinam com o indivíduo que está pregando. Ainda que possamos e devamos aprender de todos aqueles que Deus tem usado com grande efeito no púlpito, nossa admiração não ousa levar-nos à imitação.

James Stewart costumava dizer: "Seja você mesmo, mas também esqueça de si mesmo!" O autoesquecimento é de importância vital. Não podemos valorizar a nós mesmos e ao Senhor Jesus Cristo ao mesmo tempo. Se as pessoas saem do culto dizendo: "Que maravilhoso pregador!", nós falhamos. Porém, precisamos desejar que elas digam: "Que grande Deus! E que grande privilégio é encontrar-nos com ele em sua Palavra, como acabamos de fazer!" Um bom mestre abre o caminho, mostra o caminho e sai do caminho.

Não ousamos ignorar a seriedade disto. Há 300 anos, Richard Baxter admoestou pastores que ele sabia se comportavam de maneira bastante "inadequada, descortês, imprudente e leviana", quando Deus lhes confiava a entrega de uma mensagem de consequências eternas para a alma dos homens. Temos igualmente de ser advertidos disso, especialmente quando somos tão culpados de pretensão. Se Deus nos fez um flautim, devemos ficar contentes em tocar a nossa parte; se nos fez uma tuba, toquemos aquelas notas baixas com autoridade. Mas não deixemos que o violoncelo procure imitar ou invejar a trompa. Temos de tocar as notas preparadas para nós... sempre na escala de *dó natural!*

Que Deus abençoe cada um de nós, enquanto procuramos servir a ele e à nossa congregação por meio da pregação expositiva – fazendo-a à maneira de Deus, para a sua glória!

Capítulo 6

# "Quem, Porém, é Suficiente Para Estas Coisas?"

Nesta vocação sagrada e sublime – a tarefa de pregação expositiva – devemos ser homens de sabedoria e entendimento espiritual nos mistérios do evangelho. Devemos ter uma experiência genuína do poder da verdade que proclamamos. Cumpre-nos ser capazes de manejar corretamente a Palavra e alimentar as ovelhas, à medida que discernimos sua condição por gastarmos tempo entre elas. Tem de haver em nós um zelo pela glória de Deus e uma compaixão pelas almas dos homens. Entretanto, nos vemos exclamando: "Quem, porém, é suficiente para estas coisas?" (2 Co 2.16).

O profundo senso de admiração e privilégio descrito nestas palavras conquistou a mente de James Henley Thornwell, que escreveu: "Acreditem que há pouca pregação no mundo. É um mistério da graça e do poder divino que a causa de Deus não esteja arruinada no mundo, quando consideramos as qualificações necessárias à pregação que muitos dos professos ministros possuem. Meu próprio desempenho neste particular me enche de tristeza. Jamais preparei e, menos ainda, preguei um sermão em toda a minha vida; estou começando a perder a esperança de ser capaz de fazê-lo" (citado por D. Martyn Lloyd-Jones, *Pregação & Pregadores* [São José dos Campos, SP: Fiel, 2008], p. 96).

Depois de pregar por mais de 30 anos e ser considerado, por muitos, como o maior pregador de teologia reformada no século XX, Lloyd-Jones ecoou extraordinariamente o sentimento de Thornwell, quando refletiu: "Qualquer homem que já teve um vislumbre do que significa pregar sentirá inevitavelmente que nunca pregou. No entanto, continuará tentando, na esperança de que, pela graça de Deus, um dia poderá pregar verdadeiramente" (*Pregação* & Pregadores, p. 96).

Enquanto continuamos a tentar, não há oração que deve estar mais constantemente em nossos lábios do que esta oração de Charles Wesley:

*Ó Tu, que vieste do alto*
*Teu fogo puro e celestial transmitir,*
*Acende uma chama de amor sagrado*
*No pobre altar de meu coração.*
*Deixa-a ali, para tua glória refulgir*
*Com esplendor inextinguível.*

Senhor, ouve a nossa oração e faze nosso clamor chegar a Ti. Amém!

# FIEL
MINISTÉRIO

O Ministério Fiel visa apoiar a igreja de Deus, fornecendo conteúdo fiel às Escrituras através de conferências, cursos teológicos, literatura, ministério Adote um Pastor e conteúdo online gratuito.

Disponibilizamos em nosso site centenas de recursos, como vídeos de pregações e conferências, artigos, e-books, audiolivros, blog e muito mais. Lá também é possível assinar nosso informativo e se tornar parte da comunidade Fiel, recebendo acesso a esses e outros mate- riais, além de promoções exclusivas.

Visite nosso site

www.ministeriofiel.com.br

Esta obra foi composta em Chaparral Pro Regular, corpo 11.8, e impressa
por Promove Artes Gráficas sobre o papel Pólen Soft 70g/m²,
para Editora Fiel, em Setembro de 2024.